AF397416

Kustantaja: BoD - Books on Demand,

Helsinki, Suomi

Valmistaja: BoD - Books on Demand,

Norderstedt, Saksa

ISBN: 978-952-33-0477-2

BASHOON JÄLJILLÄ

Haikuja

Mielekäs elämäni

ennalta arvaamaton

tuulen kuljettama.

Kuun sirppi

talvi tulossa.

Tuulessa lumen

tuoksu.

Syksyn alakulo

kunnes mieli keksii

ottaa

muuttavan kurjen

hahmon.

Omenapuu kukassa

haikeaa kuikallakin.

Ajattelen sinua.

Kevät

Kaukaa palanneet hanhet

Sundomin lahdella.

Lupiinit kukassa.

Samalta tuoksuivat muinoin

rakkaani hiukset.

Pitkä matka.

Juttelen Nappikukille.

Tiemme erkanevat.

Jääkää hyvästi

kauniit lehdot

viileät virrat.

Hylkäsit minut

tuolloin puutarhassa

johon kuu luo nyt kauneinta

valoaan.

Yksin

kaukana kaupungista.

Kuuluu musiikkia

vaikka kukaan

ei soita.

Unet katoavat

seuranani vain kuu.

Usvaan haihtuu

tämä lyhyt elämä.

Kotini on pieni

vaatimaton

mutta täältä kuulen

satakielen laulun.

Korkea maissipelto.

Tuuli paljastaa matkalaiselle

oikotien.

Kauniit

kukkivat orvokit

syysmyrskyn jälkeen.

Väsynyt kulkuri.

Puut tarjoavat varjoa

kuumuudelta.

Vastapäätä taverna.

Autuas näkymä.

Pilvetön taivas.

Lumiset

tunturien huiput.

Viileä ilta.

Kuutamo talojen yllä.

Mitähän sinä mietit

siellä kaukana?

Pakkaan astiat.

Tyhjään varaston.

Eron haikeus.

Korkea ruohikko.

Likaisessa lapasessa

hämähäkki piilossa.

Misokeitto

lämmittää kylmänä

talvipäivänä.

Maantiellä Volkswagen.

Syksy.

Kuu sulaa sateessa.

Pisaroita ikkunassa.

Hyttyset

mäkärät

nokkosiakin.

Mihin laittaisin makuupussin?

Jäät narahtelevat.

Kevät.

Hiekat lakaistaan

kaduilta.

-Leskenlehti.

Hylätty lintupönttö.

Keltaiset vaahterapuun

lehdet.

Sienikeittoa

-ja äkkiä meillä

on mukava ilta.

Ei syytä katkeruuteen.

Kasvat kauniita

apilankukkia.

Kimaltavat lumihanget.

Kissan jäljet.

Jääkukat höyrystyneet ikkunaan.

Tulethan toistekin

kun kevät

viini valmista

ja meille jää

kokonainen yö.

Ikkunassasi palaa valo.

Valvotko yksin öitäsi sinäkin?

Vilkaise minua.

Ihan nopeasti vain.

Menneet muistuvat mieleen.

Nyt olen yksin

nämä loputtomat illat.

Mitä tekisin kaikilla

niillä esineillä

jotka kuoltuani

keräisivät vain pölyä?

Sauna.

Löyly menee lihaksiin.

Ulkona pakkasta.

Raukea olo.

Radiosta soi meidän laulumme.

On sama syksy taas.

Ensisuudelma.

Kauan sitten.

Teimme hankeen

enkeleitä.

Tänä vuonna

satoi sama lumi.

Aihetta iloon.

Hauki pussissa.

Juhlapäivällinen.

Lähde vilvoittaa

vaikka en edes

kosketa sitä.

Kuuloni on heikentynyt.

Montako onnen vuotta

kukkuu käki?

Vielä hämärää.

Ei nuku hiirikään.

Tulikärpäset.

Talvisin kylmä.

Kesällä kuuma.

Kevään hetkellisyys.

Syksyn alakulo.

Kun olemme kuolleet

vain kaksi

tuolia jäljellä.

Pihakeinu.

Viljaa leikataan.

Taivaalle pyrähtävät

linnut.

Tähdet vieläkin kauniimpia

kun olet katsomassa

niitä kanssani.

Kuluneet vaatteet

ei lainkaan rahaa

mutta en minä

onneton ole.

Sade ja valo.

Kukkien herrat.

Sammakko loikkaa

rikkomatta veden pintaa.

Hellepäivä toi

mukanaan

Sudenkorennot

Ukonkorennot.

Kurkien äänet syksyllä.

Eroamisen tuska.

Miten kaunis neito

illan hämyssäkin

sateenvarjon alla.

Loista

loista

kirkkaammin

-kuu.

Keitin teetä.

Rakastelimme

sadetta kuunnellen

koko yön.

Niin lohdutonta.

Rikkaruohot rehottavat.

Toinen mies nauttii

suloistasi.

Sinä lähdit.

Jätit minut.

Kuinka saatoit!

Takkini hihat

kyyneleistä kosteat.

Miten suloista!

Lasten riemunkiljahdukset

uimarannalla.

Ei sen väliä.

Virta kuljettaa

jokaisen päivän

mukanaan mereen.

En osaa käyttää rahaa.

Tuhlaan loputkin ylihintaiseen

viiniruukkuun.

Poimitaan mustikoita.

Hirvikärpäset.

Sienet

päivä päivältä

kypsempiä.

Kuka omistaa linnut?

Kuka näitä haikuja

lukee

sadan vuoden kuluttua?

Rikkakasvit kukkivat

kuin puun kirsikat.

Luen kirjaa nojatuolissa.

Matkantekoa tämäkin.

The sound of silence.